감옥의 자유

국립중앙도서관 출판예정도서목록(CIP)

감옥의 자유 : 권선옥 시집 / 지은이: 권선옥. -- 대전 : 지혜 : 애지, 2016
    p. ;   cm. -- (지혜사랑 ; 157)

충청남도, 한국문화예술위원회, 충남문화재단의 지원을 받아 발간되었음
ISBN 979-11-5728-208-1 03810 : ₩9000

한국 현대시[韓國現代詩]

811.62-KDC6
895.714-DDC23   CIP2016024305

지혜사랑 157

감옥의 자유

권선옥

시인의 말

변명

참 오랜만에 시집을 낸다.
남들이 시집을 낼 때에 난들 왜 시집을 내고 싶지 않았을까. 그러나, 참고 지냈다. 아이들에게 죄 짓지 않은 선생이 그리 흔치 않을 테지만, 그래도 죄가 좀 가벼워야 하지 않겠는가. 능력도 부족하면서 정성을 다하지 않는 것은 용서받지 못할 일이다.
이제 건달 농사꾼이 되니 여유가 생겼다. 논과 텃밭의 곡식들을 바라보는 재미가 아이 키우는 것보다 못하지 않다. 이런 재미에 더 빠지면 아예 시를 놓아버릴까 겁도 난다. 한때는 세상에서 가장 좋은 일, 내가 열심히 하는 일이 시를 읽고 쓰는 일이라고 떠벌였는데.
이 시집으로 하여 나의 마음이 시에 많이 모아지고, 힘이 생기기를 소망한다.

2016년 시월에
권선옥

차례

시인의 말 ──────────── 5

1부 감옥의 자유

적송赤松 ──────────── 12
가죽나무 ──────────── 13
석문石門에서 ──────────── 14
먹골양반 ──────────── 15
묵은 장맛 ──────────── 16
감옥의 자유 ──────────── 17
보석사에서 ──────────── 18
겨울 소나무 ──────────── 19
마음을 베다 ──────────── 20
물이나 되어 ──────────── 21
강 ──────────── 22
낙타 ──────────── 23
마을이 어둠에 묻히면 ──────────── 24

2부 매미 날개

분꽃 — 26
가을 — 27
석류꽃 — 28
어머니 마음 — 29
매미 날개 — 30
할머니 — 31
고추잠자리 — 32
냄새 — 33
끈 — 34
성묘 — 35
땡감 —시인 박용래 — 36
혼자 노는 아이 —채운역彩雲驛 — 37
당구장집 곰순이아빠 — 38

3부 적막한 세상

남원칼	42
마늘씨	43
빨래줄	44
북한산 고사리	45
촌놈 생각	46
논산평야	48
적막한 세상	49
늙은 낙타	50
열쇠	51
사람	52
참사람	53
칼잡이	54
갑사甲寺 동종銅鐘	56
호랑이굴	58

4부 몽당연필

몽당연필 ———————————————— 60
싹 ———————————————————— 61
석문石門스님 ————————————————— 62
베개 ———————————————————— 63
풀매미 ——————————————————— 64
저절로, 혼자서 ———————————————— 65
부여 왕릉원 홍련 ——————————————— 66
산은 바다를 낳는다 —————————————— 67
무쇠가마 —————————————————— 68
먼지맛 ——————————————————— 69
너럭바위 —————————————————— 70
슬픔 ———————————————————— 71
가을 사과밭에서 ——————————————— 72
사랑, 괜찮아 ————————————————— 73
나무는 밤에 자란다 —————————————— 74
가을비 ——————————————————— 75
땅 ————————————————————— 76
그때 그 사람 ————————————————— 77

5부 그리움에 대하여

봄날	80
홍시	81
조약돌	82
진달래꽃	83
봄밤	84
궁남지 연꽃	85
수선	86
그리움에 대하여	87
식물 같은 사람	88
영등사	89
옛 사랑 그 사람	90
무게	91
편지	92
나무의 밥	93
해설 • 사랑과 접속하는 역설의 시 • 권 온	96

• 일러두기
 한 연이 첫 번째 행에서 시작될 때는 > 로 표시합니다.

1부

감옥의 자유

적송 赤松

모두가 피의 탓이다
저 십일 대 조모인 정경부인의 피가 섞여서
그 아버지인 우암 선생의 고집불통, 마침내
두 사발의 사약을 마시는, 그 피의 탓이다
가난하게 살면서도 끝내 벼슬길에 나서지 않은
탄옹할아버지의 빳빳한 피는 때로
너무 뜨거워져 깊은 상처를 낸다
깡마른 몸에 흉터와 옹이가 가득하지만
내력이 있는 피가 어디 그리 쉽게 식겠는가
풀무질로 달구어진 쇠는 차가운 물에 담겨도
좀처럼 식지 않는 것은,
식으면서 더욱 단단해지는 것은
모두가 피의 탓이다

가죽나무

내 몸은 하루 종일 끌려다니며
더러운 말과 지저분한 생각으로 가득 차서
아무리 대패질을 해도
우윳빛 속살이 나오지 않는다
벗겨낼 수 없는 딱딱한 껍질,
모조리 베어내지 못하고
깎아낼 수도 없는
총총 옹이 박인 죽떠기 한 짐,
무겁다고 부리지도* 못하는

* 부리다 : '지고 있는 짐을 부리다'와 같이 쓰이는 충청도지역의 말.

석문石門에서

나, 이제 석문에 들련다.
이리저리 뒤틀리고 뭉개지고
그러면서도 정겨웠던 세상 뿌리치고
내 지금 석문에 들어
나무가 되든지
어둠 속 헤매는 짐승이 되어야겠다.
아니, 차라리 돌이 되고자 한다.
비 바람 없고 구름도 오지 않는 곳,
꽃 또한 피지 않는다는
저 마을을 향해
나, 지금 석문에 든다.

먹골양반

진한 먹물은
세월이 흘러도 변하지 않는다.
희미한 먹빛이 번지는
구겨지고 누진 바탕에서도
또렷하게 빛나는 먹빛.
오래 묵을수록 더욱
선명해지며 향을 머금는
진한 먹빛.

묵은 장맛

오래 묵은 종이래야
녹이 좀 슬고 웬만큼 때가 묻어야
잘 익은 소리가 난다.
천 년이 되지 못하면
한 오백 년이래도 묵어야
신맛도 떫은맛도 다 삭아서
오래 된 장맛 같은, 깊은 맛이 난다.

사람에게서도, 어떤 사람은
오래 묵은 장맛이 난다.
몇 천이나 몇 만 끈쯤이 아니고
이 세상 저울로는 달지 못해고
하느님만이 그 무게를 아는
사람.

감옥의 자유

나는 너무 갇혀 살았다.
나는 수없이 많은 감옥을 짓고
아내를 가두고 자식들을 가두고
그 안에 나도 갇혀 살았다.
더러는 울을 넘어 헤매고 다녔지만
그때마다 감옥이 그리워
나는 다시 돌아가곤 했다.
감옥은 나에게 가장 편안한 곳,
그곳에서 나는
안식을 얻을 수 있었다.
나의 어린 것들도 이젠
감옥 밖에서 편안하지 못하리라.
감옥이 그리워 돌아오리라.
감옥 속에서 나서 자란 아이들은
형벌처럼 감옥을 안고 산다.
그 아늑함, 감옥의 자유를 잊지 못한다.

보석사에서

이제, 저 세상에는
애달플 것도 그리울 것도 없다
그래도 오늘, 바람은 씁쓸하다.
어둠은 내 몸 깊이 문신을 새겼으나
목피木皮는 그 상처로 더욱
단단해지고 속살은 향기를 머금었다.
산의 머리채를 잡고 흔드는 바람은
간간이 투박한 어둠을 뚫어
희미한 물소리를 전할 뿐이다.
어둠 속에서 산짐승 우는 소리.
누구나 품었을, 산 같은 분노를 담아
울음소리가 저리도 낮은 것일까.
나는 칡넝쿨처럼 바닥을 기어, 돌무덤과
가시덤불 속으로 너를 감싼다.

겨울 소나무

갈팡질팡, 허투루 세상을 살다가
눈 덮인 겨울산에 가면
세상 사는 법을 다시 깨친다.
여름내 푸르던 풀과 나무들
강추위에 몸을 웅크리고 있는 겨울산에서
홀로 더욱 푸른 소나무를 보면
내 삶도 저래야지 하고 다짐한다.
겨울이 와서 강추위가 몰아다쳐도
눈이 내리고 세상이 얼어붙어도
홀로 푸르름을 지켜갈 수 있다면
고관대작을 부러워하겠는가.
가난하게 살더라도 바르고 정직하게 살라고
어머니는 내 어릴 적부터 늘 말씀하셨다.
너는 저 사람들과 다르니
저렇게 살아서는 안 된다는 건
참으로 착하고 정직했던 아버지 말씀.
그래서 깡마르고 허리가 굽어
보잘 것 없는 골칫거리 노인네
김시습, 그가 살았던 길이 좋아 보였던가.
꽃도 피는 둥 마는 둥
열매도 먹지 못하는 소나무,
시퍼렇게 얼어서도 잎을 떨구지 않는
겨울산 비탈에 선 소나무.

마음을 베다

아침에 면도를 하다가
턱을 벨 때가 있다.
면도기를 죽죽 밀어대다가
뜨끔하게 베고 나서야
번쩍, 정신이 든다.

누가 많이 밉거나 서운할 때
마음속에 분노가 도사리고 있을 때
어김없이 내 살을 내가 도린다.
살을 벤 것이 아니라 마음을 벤다.

물이나 되어

내 다시는 흙이 되지 않으리라
두 번 다시 나무로 서지 않으리라
가두어 두면 흔적 없이
스며드는 물이 될 참이다
뼛속까지 깊이 스며들어
그도 마침내 물이 되도록
적시고 말겠다
한 방울도 남기지 않고
불타는 물이 되리라
있는 듯 없는 듯
괴어 있기도 하고
흘러넘치기도 하는
물이 되리라
먼 발치의 물기가 되어
너의 잎으로 줄기로도
스며들겠다
젖지 않게
너를 적시리라

강

사람들은 스스로 함정을 파고
그 속에 갇혀 평화를 누리지만
강은 어디에도 감옥을 짓지 않는다
푸른 하늘과 넓은 들을 담아보고서는
세상일들이 더구나 부질없음을 알았다
허기진 바람이야 작은 방에 가두겠으나
강물은 아무리 서둘러 흘러도
바다밖에는 갈 곳이 없다
그곳에는 뛰어내릴 절벽도 없다
한때는 사랑에 취하였고
그로 인하여 눈물 흘리며 어둔 길을 헤매었으나
시간은 깊은 상처까지 더불고 갔다
이제는 아무 것도 꿈꾸지 않기로 한다
꿈꾸지 않는 강은 자유롭다

낙타

나는 낙타를 보지 못했다
그래서 낙타는 밤마다 내게로 온다
등불을 켜 들고 절룩거리며
모래밭을 지나 자갈길에 피를 칠하며
가끔씩 쓰러졌다 다시 일어나
느리게 느리게 내게로 온다
물항아리에 물을 채우려고
쭈그러진 빈 물통을 들고 온다
물을 채웠다가 갈라진 내 목을 적셔 주려고
잠자는 나를 싹 트게 하려고
바위산을 넘어, 진흙벌판을 건너 온다
짧은 다리 장님 낙타는 쉬지도 않고
더듬더듬 내게로 온다

마을이 어둠에 묻히면

가을은 언제나 겨울로 간다
떨어진 잎이 썩고 눈이 내리는 겨울,
겨울이 끝나는 곳에 불빛이 있어
나는 거기까지 가야 한다
출렁거리며 반쯤 엎질러지며
나는 어둠에 잠긴 마을을 지나
뚜껑이 열린 채로 덜컹덜컹 간다
겨울인데도 풀섶에서는 벌레가 운다
여름에 못다 부른 노래가 얼어 울음이 되었을까
밤인데도 벌레가 운다
낮에 울고서 밤에도 운다
나는 맨발로 발소리를 죽여 걷는다
더듬더듬 걷는다, 비틀비틀 걷는다
날이 밝기 전에 저 들판 끝까지 가야 한다
거기 내 허물이 있다,
잠 들기 전에 벗어 놓은 껍질,
내 영혼의 집까지 나는 가야만 한다

2부

매미 날개

분꽃

눈에 뜨일까봐
밤에만 피는 꽃,
나 혼자만 보라고
낮은 담장 밑에 숨었는 꽃,

좁다란 어깨에 긴 머리채
그을린 얼굴, 하얗고 가느다란 종아리
밭일로 흥건히 땀에 젖은 누나는 스물세 살
늘 바알갛던 입술, 비릿한 살내음.
도망질쳐 혼자 있어도
내 살에 그 냄새 배어 있다.

가을

숨 죽여,
감 떨어지는
소릴 듣네
달짝지근한 맛

뜨거운 장독에 올라
간장을 푸는 누님
뽀오얀 허리통에
붉은 맨드라미, 꽃물 들었네

석류꽃

올해도 서럽게 석류꽃 폈어요
석류가 자라면 벅찬 무게를 어떡할까요
떨어지고 나면 그 가벼움은 또 어쩌나요
올해도 빨갛게 서러운 눈물꽃 폈어요, 어머니

어머니 마음

어머니 산소에 잡초 뽑으러 갔다가
배고픈 풀모기들이 아내만 물어대기에
속마음은 오기 싫었나 보다고
아내를 나무랐더니

모기에 물리면 덧나게 긁는 나만
어머니께서 이리저리 따라다니시며
물것들을 쫓아 주셨음을
산을 내려오면서야 알았네

매미 날개

농사꾼은
자기가 짓는 땅을
땀으로 적셔야만
먹고 산다는 아버지.

그런 아버지를 위하여
어머니는
어둑한 등잔불 밑에서
한 땀 한 땀
밤 새워 바느질을 하시고,

세모시 중의 적삼
잘 차려 입고
출입 가시는 아버지는
날아가는 매미 같았다.

땅에 뿌리 박혀 사는
아버지도 가끔은
저 하늘을
훨훨 날아 보고 싶었으리라.

할머니

3대 독자 외아들을 두셨던 할머니는
사내아이 많은 집을 늘 부러워하셨지
할머니는 고추밭을 잘 가꾸시어
우리 고추는 동네에서 제일 크고 매웠지

마당 가득 고추를 널어 말릴 때마다
이 고추가 다 우리 손자 고추라면 좋겠다
이 고추만큼 우리 손자들이 많았으면 좋겠다
연신 중얼중얼 비시던 할머니.
오래오래 따가운 햇볕 아래서
어린 손자의 고추를 잡고 쭈쭈를 하듯
고추가 햇볕을 잘 쪼이도록
정성스럽게 하나하나 널어 말리시던 할머니.

우리집 마당 가득
반짝반짝 한여름 땡볕이 쏟아지는 걸 보면
저승에 계신 할머니는 오늘도
고추를 널고 계시는가 보다.
저 햇볕에 우리 아들놈 고추가
크고 맵게 잘 익으라고 비시는가 보다

고추잠자리

매운 고추를 먹었나 봐
저렇게 비틀걸음을 치는 것이.
얼굴과 몸이 벌겋게 달아올라서는
왼 하늘을 빙빙 어지럽게 도는 것이.
어린 아이는 너무 매운 것을 먹지 말라는
할머니 말씀 다시 생각나네

빨간 해님을 꿀꺽 삼켰나 봐
푸른 하늘에서 쨍쨍 빛나던 해가
눈 깜짝할 새에 모습을 감춰 버려
왼 하늘을 다 뒤져도 찾을 수 없는 것이.
맛있는 음식일수록 꼭꼭 씹어 먹으라는
할머니 말씀 다시 생각나네

냄새

내 냄새가 좋다고
품에 안긴 아이는 자꾸 킁킁댄다.
어느 날 갑자기 내게서 떨어져 나간 그 아이,
십 년이 넘었는데도 아직까지
그 냄새를 잊지 못했나 보다.
짐승들은 오줌을 누어
자기 영역을 표시한다더니
어느 결에 이 아이를 냄새에 취하게 하여
내 새끼임을 표시해 두었더란 말인가.
사람들은 모두 제각각의 냄새가 있다
아내는 아내의 냄새, 나는 내 냄새
이십 년 넘게 살을 섞으며 살았건만
아직도 내 냄새로 다 적시지 못하는
아내의 냄새.

끈

나이가 들면서
나를 옭아매는 끈이 생겼다
아들로, 남편으로
아버지로서의 끈
많은 끈들이 나를 옭았다
무수히 많은 끈에
꼼짝도 하지 못하고 묶여 살았다
나는 끈에서 벗어나기 위해
무던히 몸부림쳤다
옛날로 돌아가 자유롭고 싶었다
이제 나이가 들면서 끈들이
끊어지고 느슨해졌다
예전보다 헐거워졌는데 자유롭지 않다
아니, 묶여 살던 옛날이 그립다
나를 옭죄는 끈에 묶여 살고 싶다
팽팽하게 당기는 끈이 주던 안정감,
다시 예전처럼 꽁꽁, 끈에 묶여 살고 싶다

성묘

이렇게 추운데 먼 길 왔느냐고
날이나 풀리면 오지
어린것들까지 고생시킨다고
아니, 오지 않아도 그 마음 다 안다고

춥지도 않고 먼 길도 아니라고
아이들도 좋아 따라나섰다고
애에미는 오려다 못 왔지만
낳아서 길러준 친정어머니보다
시어머니를 더 보고 싶어 한다고

우리들은
일렬로 늘어서서 두 번 절하고
봉분 위의 마른 풀 몇 개 쥐어뜯고,
희끗희끗 잔설이 덮인 무덤 속에
어머니만 홀로 남겨 두고
따뜻한 집으로 돌아왔다

땡감
— 시인 박용래

모르는 사람은 몰라요
와삭와삭 씹히는 땡감 맛은
감 접이나 먹어 봐야
알게 되지요
한입 베어 물면
입 안 가득 번지는 그 맛.
몇 번이나 입맛을 다시고 나서야
알 것도 같고 모를 것도 같은,
머리 희끗희끗해서야
비로소 그 맛을 알았어요
뱉을까말까 망설이다가
결국은 삼키고마는
떫으면서도 알싸한 맛

혼자 노는 아이
― 채운역彩雲驛*

이웃이 없는
외딴집 아이는
늘 혼자서 논다.
가끔씩 좁은 마당을
서성이는 나비와
낮은 지붕에
내려앉는 작은 새들과
눈을 맞추고
손을 잡아 보지만
아이는 언제나 혼자다.
하루 종일
혼자 노는 아이는
심심해 투정 부리지 않고
외롭다고 울지 않는다.
마을과 멀리 떨어진
구름 속 들판 가운데
외딴 오두막집 아이.
조그맣고 까만 눈동자에
푸른 하늘을 담은 아이.

* 채운역彩雲驛 : 충남 논산시 채운면에 있는 역. 호남선 논산역과 강경역 사이에 있음.

당구장집 곰순이아빠

오늘, 여러분들이 회의를 하신다고요
우리 집 개가 시끄럽게 짖어 살 수 없다고
아파트 주민들이 모여서 무슨 대책을 세우신다고요
그렇습니다, 우리 개는 정말 시끄럽게 짖습니다
이 아파트로 이사 와서 며칠 동안
잠도 안 자고, 정말 시끄럽게 짖어댑니다
그래서 우리 집 개를 내쫓아야 한다고
회의를 하신다면서요

내 아내는 결혼한 지 삼 년이 되도록
아이가 없었습니다
처음에는 이제나 저제나 하며 기다렸지요
그렇게 삼 년이 지났습니다
눈치를 보며 애타게 아이를 기다리시던
우리 부모님도 끝내 포기하고 말았습니다
가족들이 포기하자 정작 더 크게
상심을 하는 건 아내였습니다
아내는 마음을 잡지 못해 어쩔 줄 몰라했습니다
저는 보다못해 아이 하나를 데려다 키우기로 하고
아내의 동의도 얻지 않고, 어느날
아이 하나를 데리고 왔습니다
그렇게 마음 들떠 살지 말고

이 아이 정성껏 잘 키우라고
아내에게 말했습니다
아내는 제가 데려간 아이를
지극한 정성으로 키웠습니다
그 아이가, 여러분이 시끄러워서 못 살겠다는
우리 곰순이로, 칠 년 전의 일입니다
저희 집 개는 개가 아닙니다
그 개는 우리 딸아이입니다
제 아내가 칠 년 동안이나
애지중지 키운 우리 딸입니다,

여러분은 자식을 버릴 수 있습니까
또 여러분 댁에는 아이가 없습니까
이 아파트에서는 어린애가 하나도 울지 않습니까
여러분은 한번도 아이를 울리지 않습니까
아이의 울음소리를 용납하지 않는 곳이라면
저희는 이사를 가겠습니다
여러분도 아이를 울리지 않겠다고 약속해 주십시오
그러면 우리는 아이를 데리고
이사를 가겠습니다
이렇게 외치면서 두 눈 가득 눈물을 담고 있던,
거리에서 만나면 힘깨나 쓰겠다 싶으면서도

얼굴 가득 웃음을 머금고 다니던
당구장집 곰순이 아빠

3부

적막한 세상

남원칼

쇠가 단단하다고 으뜸으로 치던 칼.
우리 집에 팔려와 고기는 썰어보지 못하고
겨우내 김치 밑동만 자르던 칼.
아침에 쓰고 저녁이 되면 빨갛게 녹이 스는 칼.
그래도 어머니는 놓지 않던 칼.
이제 아내는 쓰지 않는, 농투성이 같은 칼.
서울아가씨같이 미끈미끈한 칼에 부엌을 빼앗기고
요새는 토산품 전시장으로 쫓겨난 칼.
그래도 어쩌다 도마 위에 올라서면
예전처럼 무엇이든 썩썩 잘라내는 칼.
나이 들면 맺고 끊음이 분명해야 하느니
나도 남원칼처럼 잘라야 할 것은
똑바로 자르고 싶다.

마늘씨

억울하다
잠이 오지 않는다
겨우내 움츠려 살아야 하다니
억울해서 잠이 오지 않는다
언제 봄이 올지 알 수 없는데
그때까지 기다려야 한다니 억울하다
밝은 하늘에 머리를 내밀어서는 안 되고
땅 속으로 깊이 아랫도리를 묻어야 하다니
억울해서 잠이 오지 않는다
이쯤에서, 아예 얼어 죽더라도
고개를 한 번 내밀어 볼까
차라리 그게 낫겠다
억울하게 묻혀 사느니
하늘이나 한번 만져 보고
얼어 죽는 것이 낫겠다
억울하다, 이대로 묻혀 살기는
정말 너무 억울하다
그러나 봄이 오기까지는 이를 악물고
땅 속으로만 뿌리를 내려
어둠을 갉아먹어야 한다
어둠을 꿰뚫어야 한다

빨래줄

가장 양지바르고 바람 잘 부는
자리를 차지하고 있지만
나는 늘 배반 속에서 산다.
무겁게 피로에 젖은 몸으로 내게 와
내 품에 안겨 있을 때는 온몸을 주지만
날아갈 듯 가벼워지면
내 몸을 밀어낸다.
흙 묻고 땀이 젼, 그래서
빨아도 땀냄새가 다 지워지지 않은
무릎이 해진 사내의 작업복도 걸치고
윤기 있는 속살이 뽀얀, 사내의 딸년
빛깔 고운 속옷도 입어보았지만
젖었을 때 잠시만 내가 가질 뿐, 때가 되면
모두 다시 벗어 주어야 한다.
수없이 배반을 경험하면서도
나는 알몸으로 밤을 지내고
날이 밝고 해가 떠서
야윈 내 몸을 감싸 줄 상처들을 기다린다.
가는 비가 오거나
진눈개비 치는 밤이면
밤새 나는 눈물 흘려 우니라

북한산 고사리

아이가 물었다.
"북한이 외국이예요?"

"아니. 외국이 아니다."

"그런데 왜 원산지 표시가 되어 있어요?"

"글쎄. 어쩌다가 그렇게 되었구나."

촌놈 생각

국민학교 때에는 공부깨나 한다고 해서
나중에 크면 뭔가 되겠거니 했지
그래서 새벽밥 먹고 어둠 속에 십리를 걸어
기차를 타고 삼십 분을 가는
강경중학교를 갔지
강경상고를 졸업하면 은행원이 되겠지 하여
상업학교에 갔지만
하라는 공부는 안 하고 괜히
시나 쓴다고 어울려 다니다가
은행 시험에 떨어지고
시나 쓰는 시인이 되었지
시인이 되면 뭐가 어떻게 되는 줄 알았지만
달라지는 것은 아무것도 없고
그냥 나는 시인일 뿐이었지
세상 사는 것이 시들해서 이런 저런 일로 정신을 팔다가
장가들고 자식 낳고 나도 모르게 어른이 되었지
남편 노릇, 애비 노릇 제대로 못하는데
자식 노릇은 제대로 할 리가 있나
그냥 그렇게 한 평생 살아가는 거지
일요일인 오늘은 아침 여섯 시에 일어나
마당의 풀을 매고 남새밭을 둘러 보고
이렇게 무나 배추처럼 사는거지

내 아들도 애비처럼 무엇이 되지 않고도
이렇게 행복하게 살 수 있을거라고
나는 또 촌놈의 생각을 하네

논산평야

울 밖에서는 말할 것 없고
문 안에 들어서도 느긋한 때가 없다
화장실에 가도 바닥을 더럽힐까 봐
오줌발 한번 시원스레 갈기지 못하고
조심조심, 늘 찔끔거린다
어쩌다 맨땅에 오줌을 눌 때도
서둘러 일을 마쳐야 한다

논산평야 넓은 들판을 보면
그 가운데 서서 오줌 한번 싸고 싶다
누가 볼까 겁낼 것 없이
아무 데나 대고 시원스레 오줌발을 날린다
고운 아낙네 속살처럼 보들보들한 논바닥에
시원스레 내리꽂히는 힘찬 오줌발

세상은 이런 재미로 사는 것 아닌가
오늘, 여기 와서 나는 비로소
어엿한 사내가 된다

적막한 세상

모처럼 서울 갔다 돌아오는 길,
다리 아프게 돌아다니면서
집 구경만 하고 결국 그냥 돌아왔다
이십 년 넘게 아내를 직장생활을 시키고서도
번듯한 서울집 한 채 살 수 없는 나의 형편,
잠이 든 아들놈을 물끄러미 바라보다가
무능한 아비의 자식이 가엾어진다
그놈의 서울만 갔다 오면 마음이 착잡하다
내가 잘못 살았나 하고 생각하기도 한다
그때, 거실 바닥에 떨어지는
엄지손가락 크기의 청개구리 한 마리
옹색한 내 집에 먹을 것을 찾아 왔구나
휴지에 싸서 창밖으로 던지니 몸부림친다
가볍고 부드러운 휴지를 떼어내지 못하면서도
용케 세상을 사는구나

늙은 낙타

늙은 낙타가 모래벌판을 걷는다.
바람이 불어 끝이 보이지 않는다.
젊은 한때, 바람도 모래벌판도 두렵지 않았다.
그 벌판이 끝나기 전 어딘가에
샘이 솟고, 풀이 자랄 것을 믿었다.
믿음은 힘을 주고,
힘은 다시 믿음을 갖게 했다.

이제 낙타는 늙었다.
힘도 잃고, 믿음도 잃었다.
물주머니는 오래 전에 비었고,
모래벌판은 막막하다.

모래바람에 쓰러진 낙타는
다시 일어나 터벅터벅 벌판을 걷는다.
회오리바람이 무덤을 만들어
깡마른 몸을 묻어줄 때까지
아무 꿈도 없이
바람 부는 빈 들판을 멀리 바라본다.
끝은 보이지 않는다.

열쇠

밖에 나왔던 내가
아내와 자식들에게로 돌아가기 위해
내 주머니에는 열쇠가 세 개 있다
열쇠 없이 나온 문이
되돌아갈 때는 언제나 잠겨 있다
처음의 자리로 다시 가기 어려운 건
모두가 마찬가지다

이제 새 열쇠가 하나 있어야겠다
내 본래 살던 하늘나라의 문을 여는 열쇠.
이렇게 흠집 나고 때가 묻어
내게는 닫혀 있을 하늘 문.
그래서 그 사람은 그렇게
서둘러 세상을 떠났는가 보다

사람

천 년을 사는 나무
몇 만 년을
한 자리에 섰는 산

해를 거르지 않고 천 년이나
나무는 잎을 피우고
산은 몇 만 년 가슴에 돌을 품었다

채 백 년을 살지 못하는 사람,
나무를 베고 산을 허문다

참사람

살림이 가난타고
간 팔지 마라
세상살이 쓰다고
쓸개 팔지 마라

간도 쓸개도 없으면
사람이 아니다

칼잡이

그는 여러 개의 칼을 지니고 있었다
그가 칼을 마구 휘두른다는 소문에
칼을 가진 자들이 다투어 칼을 맡겼다
그의 칼끝에서는
모든 것이 해결되었다
시퍼런 칼날을 견디는 것은
아무 것도 없었다
사람들은 칼 아래 무릎을 꿇었고
땅에 엎디어 머리를 조아렸다
그러면서도 칼잡이에게 분개하기보다는
간과 쓸개까지 빼서 바쳤다
이상한 일이다

알고 보니 칼잡이는 눈이 먼 사내였다
두 눈이 보이지 않았고
글을 읽지 못했고
자신의 욕망을 위해서는 못하는 일이 없었다
참 이상한 일이다
그런 그는 평생 흥청망청 살았으며
많은 유산을 남겨 자식들도 편히 살게 했다
사람들은 왜 눈이 먼 그 사내에게
칼을 맡기려 했는지

나는 끝내 알 수가 없었다
어쨌든 눈이 먼 것이
그에게 엄청난 행운을 가져왔다는 것은
더더욱 이상한 일이다

갑사甲寺 동종銅鐘

어느 겨울, 스님이 종을 치는데
뻘뻘뻘 땀을 흘리며 종을 치는데
종에서 쏟아진 꽃잎들은
이내 땅 속으로 잦아들었다
그래서 종은 단단한 바위 위에 매달지 않고
그 아래에 항아리를 묻는다고 한다

십 년이 가고 또 얼마가 흐른
여름 어느날 나는, 계곡의 물가에
흥건히 술판을 벌였는데
그 때 물 속에서 솟아나는 종소리를 들었다
사그락 사그락 가슴을 저미는 소리.
개울뿐만 아니라 바위틈에서도 나무에서도
잘 삭은 토굴 새우젓국같이 구수한
종소리가 솟아났다

처음, 그 소리가 십 년 전
땅 속에 묻힌 소리려니 하였더니
자세히 보니 크기가 다르고 색깔도 달랐다
그 소리는 천 몇 백 년쯤 전에
이 절의 상좌승이었던 어린 원효대사가
잠에 취해 치던 절뚝발이 종소리가

땅 속에 묻혔다가 이제야 맛이 들어
풀려 나오는 소리였다. 아직도 잠이 덜 깨
가다 서다를 되풀이하면서
느릿느릿 걸어 나오고 있었다

호랑이굴

옷가지를 다 벗어버리고
정신줄도 놓아버리고
더듬더듬 호랑이굴로 들어간다
어두운 굴 속에서 호랑이는
날 잡아잡수 엎드려 딴청을 핀다
나는 호랑이를 잡지 않는다
호랑이가 나를 잡아먹게 하려고
호랑이굴에 들어간 것이다
호랑이가 나를 잡아먹는다면
딱딱하고 벌레 먹은 굵은 뼈를 골라내고
살점 사이에 박혀 있는 잔뼈를
오독오독 씹을 때
그 맛이 얼마나 고소할까
늙은 호랑이는 서둘러 아무렇게나 먹지 않고
부위별로 각기 다른 맛을 즐길거야
오십을 살며 곳곳에 밴 시고 떫은 맛,
생각만 해도 가슴 벅찬 일이다
나는 호랑이에게 잡아먹히려고
호랑이굴 깊은 어둠으로 들어간다

4부

몽당연필

몽당연필

사람에게보다는
하늘에 떳떳하게 살고 싶다
사람들과도 잘 어울려 살아야겠지만
하느님이 언짢아하지 않게 살고 싶다
세상 사람들 손가락이 나를 향할지라도
하느님이 속상해 찡그리지 않게 살고 싶다
사람의 일은 작고 작은 것이지만
사람들은 하늘보다 사람을 두려워하지
사람들의 눈과 귀를, 입을 무서워하지
그렇지만 나는 몽당연필이 되어
말없는 하늘에 떳떳하게 살고 싶다

싹

텃밭에서 잡초를 뽑다가
이걸 이렇게 사정없이 죽이다니
큰 죄를 짓는다 생각한다
잡초도 생명이긴 마찬가진데

무, 배추나 상추 같은 것
어린 것들 솎아내지 않게
너무 배게 씨 뿌리지 않아야겠다
생각도 한다

아무 데서나
불쑥불쑥 솟아오르는
어린 싹, 눈물겹다

석문石門스님

우리 동네 뒷산에는
꼬마 절이 하나 있었지
키 작은 석문스님 혼자
나무랑 산새랑 바람소리랑 살고 있었지
어찌어찌 하다가 스님은
얼굴 고운 전통찻집 마담을 사랑했지
다른 사내들은 손을 잡고
더러는 허리를 안기도 했지만
스님은 스님이라 그러지 못했지
그리워도 혼자서 참다참다
정 못 참겠는 날엔 찻집에 숨어들어
안채 댓돌 위에 벗어놓은 고무신을
몰래몰래 신어 보았지
두 발에 꼭 째는 하얀 고무신을 신으면
가슴이 울렁거려 산으로 도망질쳤지
그런 밤엔 절간의 호롱불도
켜지 않았지

베개

전생에 나는 석허石虛스님의 상좌였다
스님은 옷을 입었으되 모두 해져
벌거숭이나 한가지였다
볕 좋은 봄날, 스님이 산을 넘다가
양지바른 묘에 이르러 갑자기 개처럼 쓰러져
고개를 꼬고 코를 골았다
보다 못해 내 보퉁이를 베어 드리자
스님은 버럭 소리를 질렀다
"이 개 같은 놈아, 왜 귀찮게 구느냐?
나는 이 산을 통째로 베었느니라."

풀매미

처서 지나 선들바람,
때늦은 매미 울어

예전에는
더운 날도 있었다고
젊어 한 때
서러운 날도 있었다고

한낮에 울던 매미
밤에도 울어

대추나무에서 울던 매미
감나무서 울어

저절로, 혼자서

어려서는 세상에
하나 가득 기쁨인 줄 알았다.
어머니도 선생님도
세상의 슬픔을 말하지 않았다.
눈물은 배우지 않아도
저절로 흐르는 것,
슬픔은 누가 가르치지 않고
저 혼자서 깨닫는 것.

부여 왕릉원 홍련

계백이
하늘 높이 칼을 휘둘렀다.
쨍그렁,
귀청을 찢는 소리
번쩍, 피가 튀는가 싶더니
연못 위에 흩뿌려지는
해의 파편들
눈이 부시다

산은 바다를 낳는다

산은 바다의 어머니.

큰 산은 따뜻한 품 안에서
수천, 수만 그루의 나무를 키우고
나무들은 어울려 숲을 이루고
숲에서 솟은 샘이 어울려 강을 이루고
강은 자라서 마침내,
바다가 된다.

큰 산은 바다를 낳는다.

무쇠가마

웬만큼 불을 때서는
미지근한 기색도 없다가
적어도 사흘 밤낮쯤
박달나무장작으로 불을 쳐대야만
제대로 뜨거운 맛을 내는,
한번 달궈지면
삼동에도 식지 않는
저 은진미륵 손바닥만큼이나
두툼한 무쇠가마

먼지맛

고추장이 맛이 없다
상추쌈을 싸도 마른 멸치를 찍어 먹어도
어쩐지, 맵싸하면서 구수한 예전 맛이 아니다
이것저것 유명 제품을 바꾸어 먹어 봐도
그게 그 맛, 내 입맛은 쓸쓸하다

허름한 밥상 시키면 사기그릇에서
오랫동안 잃었던 맛을 되찾았다
고추장은 질항아리에 담아
햇볕에 달구고 바람이 배야
제맛이 난다는 것을 알았다
장독 뚜껑을 열어 맛을 들이면서
동네 하늘을 맴돌던 먼지가 앉고
골목 아이들의 시끄러운 목소리가 배야
그때 그 맛이 난다

너럭바위

깊은 땅 속에 뿌리 박고
널찍하니 자리잡아
한 삼 년 천둥번개에도
꿈쩍 않을 매화산 너럭바위.
벌겋게 불에 달구면
동지섣달 긴긴 밤 등불이 될까
오순도순 나무들 잎을 피우게
사방 천리 울리는 북소리 날까
솟아오르는 산을 눌러
매화산 너럭바위.

슬픔

아름답다는 말은
가슴 벅차게 슬프다는 말이다

슬프지도 않은 것들이
어떻게 빛이 난단 말인가

가을 사과밭에서

나를 버리고 가는 그녀, 감사하다
껴안아 가슴에 담기엔 너무나 벅차도
끝내 땅에 내려놓지 못하고
지난 여름 동안
사랑이 깊어질수록 얼마나 무거웠는가
어느덧 가을 오고 사랑은 빨갛게 익어
이제 가볍게, 가벼웁게 그녀를
땅 위에 내려 놓는다

사랑, 괜찮아

오래된 우리 사랑
다시 날을 세워야 한다.

날카로운 칼도
쓰다 보면 무디어진다.

나무는 밤에 자란다

그렇지, 나무는 밤에 자란다.
어둠을 무서워하면 하늘에 닿을 수 없지.
아기들이 엄마 품에서 밤에 자라듯
우리 사랑도 홀로일 때 굳어져
늪 속에서 더욱 빛난다.
저 하늘의 별이 밤에 자라듯
어둠 속에서 나무는 살이 오르고
허허바다를 헤매다 허기진
내 사랑, 어둠 속에서 영근다.

가을비

그쳤다 이어졌다
밤을 새워 흐느끼는
가을비.

한때는 늪에 빠져 목숨을 걸었으나
사랑도 분노도
부질없는 것.

땅

더럽다고 땅에 침 뱉지 마라
땅이 너보다 더 깨끗하다
너는 저렇게 새싹과 꽃을 피워내지 못한다

그때 그 사람

아무도 오지 않는
고요한 숲 속을 들여다보면
그때 그 사람의 얼굴이 보인다.
늘 어깨를 움츠리고 고개를 숙이던,
남보다 일찍 세상을 버린 그 사람.
땀에 젖어 먼 산을 바라보며
세상 것에 마음 두지 않던 그 사람.
세상이 무섭다고,
사람들을 대하기가 겁이 난다던
그때 그 사람 훌쩍 떠나고 나니
세상을 무서워하는 사람
사람을 두려워할 줄 아는 사람
이제는 보기 힘들어졌네

05부

그리움에 대하여

봄날

실오라기 하나
걸치지 않은 진달래를 보고
숭얼숭얼 새싹 돋은
긴 강둑을 질경질경 밟으며
젖은 하늘만 바라보는 사내,
온몸에 독 기운이 퍼진 듯
눈이 붉다

홍시

그녀가 다른 사내의 품에 안겨 있다가
내게로 다시 돌아왔을 때,
약속 시간에 늦어
헐레벌떡 달려 왔을 때
마흔을 바라보는 여자에게서 풍기는,
농염한 그녀의 체취.

환한 대낮인데도
온몸이 발갛게 젖어오는 그녀를
나는 덥석 베어물었다.

조약돌

머나먼 섬
물 맑은 백령도
짜고 깨끗한 물
붉은 해당화 향기로
천년을 씻어 조약돌이 되었다.
나는 넋을 놓고 바라보다가
조약돌 하나를
아무도 몰래 감쪽같이
꿀꺽 삼켰다.

진달래꽃

취한 사내들의
희끗한 머리 위로
때늦은 눈발 날리더니
와자지걸 떠드는 소리 들리더니
그 계집애, 어느 새
저리도 달게 익어
발갛게 낯을 붉히며
가슴팍 풀어 나를 붙드네.

봄밤

탐스런 꽃 한 송이 활짝 벌었다
나비가 정신없이 꿀을 빤다
파르르 떠는 꽃,
씨 하나 맺혔다

궁남지 연꽃

길을 걷는데 어디선가 문득
함성이 울렸다.

말발굽 아래 고운 피를 흘리며
쫓기어 쓰러졌던 아낙들이
여름 땡볕 받아 일제히 일어섰다.
우우우우— 함성을 지르면서
긴 머리채는 반쯤 흩뜨리고
허이연 허벅지와 젖가슴을 드러낸 채
맨발로 달려오는 소리.

나는 길을 걷다가
그 함성에 갇혀, 온몸이 꽁꽁 묶여
한 발자국도 떼지 못하고
멈추어 섰다.

수선

해마다 봄이 되면
찾아오는 그 계집애

말끔히 아문
옛 상처를 툭, 툭, 건드려
다시 나를 아프게 하네

여전히
갈래머리 앳된 얼굴,
나이를 먹지 않는
그 계집애

그리움에 대하여

기러기 날다가 들판 허드렛불에
손을 녹이는 늦가을
일찍이 사랑했던 사람은 가고
천지에 고요히 눈 내리는 밤
흐린 불빛 아래 더듬더듬
얼룩진 편지를 읽는다
불꽃 같던 내 사랑은 덧칠한 그림처럼
낯선 추녀 밑에 몸을 숨겼다.

깨진 사랑은 쓸쓸하고
그리움은 사위어 재가 된다.
강을 건너면
그리운 강 건너 불빛.
사랑이여,
한때는 그렇게 단단하더니
비누방울보다도 가볍구나

식물 같은 사람

한 사람을 만나고 싶다.
토란처럼 늘씬 훤칠하거나
당귀처럼 향이 진해서는 안 되고,
양귀비같이 예쁜 꽃을 피워서는
더더욱 안 된다.

작아도 비천하지 않은 사람,
멋도 향기도 조금만 가진 사람,
처서 무렵 바람같이 담백하여
마음을 모아서 음미해야만
그 맛을 조금씩 알 수 있는 사람,
그런 메밀꽃 같은 사람을 만나
그 냄새에 잠기고 싶다.

영등사

영등사, 여름밤 잊지 못하네
그 뜨겁고 더운 밤 잊지 못하네
장작불에 맨살을 덴 들짐승 한 쌍
영등사로 찾아들었네

부처님은 눈 감고 돌아앉아,
다급하게 주문을 외고
깊은 밤, 풍경소리 마을을 덮어도
짐승들의 울부짖음 그치지 않았네

옛 사랑 그 사람

사람은 잊지 않았는데
이름을 잊은 사람이 있다.
어디를 가고 무엇을 했는지
어디에 점이 나고 흉터가 있는지
또렷하게 기억하면서도
이름은 가물가물, 입 속을 맴도는
사람이 있다.

무게

겨울나무는 잎이 떨어지고,
열매도 하나 없습니다.

이제는 그대를 잊고 싶습니다.
머리에서 지워진 이름,
가슴에 품고 살다가
오늘에야 비로소 지웁니다.

그대 앉았던 자리 큰 것을 보고
나를 담았던 마음이
얼마나 무거웠을까
그대를 지우고서야 알겠습니다.

편지

밤새 산을 헤맸다.

산에서 내려오면
나의 발길은 조급하게
다시 산을 향한다.

가까이 가면
어느덧 마음속에 들어와 앉아
산에 가도
막상 산은 보지 못한다.

마음에 담은 사랑은
눈으로는 보이지 않는다.

나무의 밥

산을 오르다가
지팡이로 쓰임직한
나뭇가지 하나를 주웠다
누군가가 산을 넘어와
여기에 두고 간 것이다

나도 그 나무에 의지해 산을 넘고
산이 끝나는 기슭
손 닿기 쉬운 자리를 골라
막대를 다시 세워 두었다
숱한 사람들이, 나처럼
이 나무지팡이에 몸을 실어
산을 넘고 넘으리라

산 너머로 사람을 넘겨 주고
산 너머에서 사람을 넘겨 오다가
마침내 풀섶에 버려지고, 썩어서
산을 감싸는 나무의 밥이 되리라

해설

사랑과 접속하는 역설의 시

권 온 문학평론가

사랑과 접속하는 역설의 시

권　온 문학평론가

1.

　　권선옥은 1976년 문단에 등장한 이후 시집 『풀꽃 사랑』, 『떠도는 김시습』, 『겨울에도 크는 나무』, 『사람의 밤 하느님의 밤』 등을 발간했고 웅진문학상, 충청남도문학상 등을 수상했으며 충남문인협회 회장 등을 역임한 우리 문단의 중견 시인이다. 그런 까닭에 권선옥의 새 시집 은 그것의 존재만으로도 가슴 벅찬 사건이 아닐 수 없다. 시인의 신작 시집 『감옥의 자유』는 권선옥의 시력詩歷 40년을 결산하는 의미를 갖는 노작勞作이다. 이제부터 시인의 심오한 시 세계를 탐색하기로 한다.

2.

　　나는 너무 갇혀 살았다.
　　나는 수없이 많은 감옥을 짓고
　　아내를 가두고 자식들을 가두고
　　그 안에 나도 갇혀 살았다.
　　더러는 울을 넘어 헤매고 다녔지만

> 그 때마다 감옥이 그리워
> 나는 다시 돌아가곤 했다.
> 감옥은 나에게 가장 편안한 곳,
> 그 곳에서 나는
> 안식을 얻을 수 있었다.
> 나의 어린 것들도 이젠
> 감옥 밖에서 편안하지 못하리라.
> 감옥이 그리워 돌아오리라.
> 감옥 속에서 나서 자란 아이들은
> 형벌처럼 감옥을 안고 산다.
> 그 아늑함, 감옥의 자유를 잊지 못한다.
> ―「감옥의 자유」 전문

 이 시의 시제詩題인 '감옥의 자유'는 이질적인 속성을 갖는 두 개의 단어 곧 '감옥'과 '자유'의 조합으로 구성된다. 권선옥은 "죄인을 가두어 두는 곳"을 뜻하는 감옥과 "외부적인 구속이나 무엇에 얽매이지 아니하고 자기 마음대로 할 수 있는 상태"를 의미하는 자유를 연결함으로써 부조화의 조화를 노린다.
 시의 화자 '나'는 "수없이 많은 감옥을 짓고" '아내'와 '자식들'과 스스로를 가두고 살았다. "더러는 울을 넘어 헤매고 다녔지만"이라는 표현에 나와 있듯이, '나'는 '감옥'의 구속이나 제한 또는 속박을 벗어나고자 노력했다. 하지만 아이러니하게도 '나'에게 감옥은 "가장 편안한 곳"이자 '그리움'과 '자유'와 '아늑함'으로 기억되는 공간이다.
 권선옥 시인이 말하는 '감옥'은 자유를 제한하는 곳인 동시에 자유를 생산하는 곳이다. '집'이나 '가정'이라는 말로 이해할 수도 있는 그곳은 '기억'과 '추억'과 '시간'이 지배하는 공간이기도 하다. 독자의 입장에서는 권선옥의 역설적인 표현인 '감옥의 자유' 앞에서 '양가 감정兩價感情' 또는 '모순 감정'을 느낄 수도 있겠다. 하지만 이런 '아이러니'나 '역설'의 상황이 오히려 삶의 진실, 시의 진실을 있는 그대로 보여줄지도 모른다.

  아침에 면도를 하다가
  턱을 벨 때가 있다.
  면도기를 죽죽 밀어대다가
  뜨끔하게 베고 나서야
  번쩍, 정신이 든다.

  누가 많이 밉거나 서운할 때
  마음속에 분노가 도사리고 있을 때
  어김없이 내 살을 내가 도린다.
  살을 벤 것이 아니라 마음을 벤다.
  ―「마음을 베다」 전문

  시인에게는 비근한 일상에서 남다른 발견을 길어 올리는 능력이 필요하다. 권선옥의 시적 통찰은 시 「마음을 베다」에서 빛을 발한다. 앞에서 살핀 시 「감옥의 자유」에서 보았듯이 시인은 작품의 제목을 정할 때에도 남다른 노력을 기울인다. 이번 작품 역시 범상치 않은 제목이 돋보인다. 이 시가 '턱을 베다'나 '살을 베다' 또는 '몸을 베다'가 아니라 '마음을 베다'라는 이름을 달고 있다는 사실이 긴요하다.
  살아가다 보면 타인에게 '미움'이나 '서운함' 또는 '분노'의 감정을 느끼는 경우가 종종 있다. 식사를 하면서 식사에 집중하지 않고 다른 생각을 하면 사레들리는 확률이 높아진다. 면도를 하다가도 마찬가지이다. 면도를 할 때 면도에 집중하지 않고 누군가를 향한 미움, 서운함, 분노의 감정을 되살린다면 살을 베게 될 확률이 높아지는 것이다. 권선옥은 시의 주제가 반드시 거창할 필요가 없음을 잘 보여주었다. 이 시의 발견은 작고 사소하지만 충분히 유의미한 성격의 것이기 때문이다.

> 나는 낙타를 보지 못했다
> 그래서 낙타는 밤마다 내게로 온다
> 등불을 켜 들고 절뚝거리며
> 모래밭을 지나 자갈길에 피를 칠하며
> 가끔씩 쓰러졌다 다시 일어나
> 느리게 느리게 내게로 온다
> 물항아리에 물을 채우려고
> 쭈그러진 빈 물통을 들고 온다
> 물을 채웠다가 갈라진 내 목을 적셔 주려고
> 잠자는 나를 싹 트게 하려고
> 바위산을 넘어, 진흙벌판을 건너 온다
> 짧은 다리 장님 낙타는 쉬지도 않고
> 더듬더듬 내게로 온다
> ―「낙타」 전문

이 시의 제목이기도 한 '낙타駱駝'는 사막沙漠, 오아시스oasis 등과 긴밀하게 어우러지면서 답답한 현실을 뛰어넘는 상상력을 생성한다. "나는 낙타를 보지 못했다"라는 1행에 드러나듯 이 시의 화자 '나' 또는 시인 권선옥은 현실에서 '낙타'를 본 적이 없다. 중요한 점은 한 번도 본 적이 없는 '낙타'가 '나'에게로 온다는 사실이다.

이 시에서 '낙타'가 '나'에게 오는 행위는 5회 반복된다. 곧 낙타는 2행의 "밤마다 내게로 온다", 6행의 "느리게 느리게 내게로 온다", 8행의 "빈 물통을 들고 온다", 11행의 "바위산을 넘어, 진흙벌판을 건너 온다" 그리고 12행~13행의 "쉬지도 않고/더듬더듬 내게로 온다" 등의 다양한 방식으로 쉼 없이 지속적으로 '나'에게 다가온다. 특히 2행 들머리에 놓인 부사 '그래서'의 역할이 크다. 1행의 '~보지 못했다'와 2행의 '그래서'의 연결이 대단하다. 부정否定이 긍정으로 전환되는 이 대목이야말로 논리로 이해할 수 없는 시의 존재감을 과시한다.

    어머니 산소에 잡초 뽑으러 갔다가
    배고픈 풀모기들이 아내만 물어대기에
    속마음은 오기 싫었나 보다고
    아내를 나무랐더니

    모기에 물리면 덧나게 긁는 나만
    어머니께서 이리저리 따라다니시며
    물것들을 애써 쫓아 주셨음을
    산을 내려오면서야 알았네
    ―「어머니 마음」 전문

  유감스럽게도 이 세상의 모든 인간은 이미 죽었거나 지금 죽어가고 있거나 언젠가 죽을 것이다. 이 시의 화자 '나'의 어머니 역시 필멸의 존재로서의 인간의 숙명을 극복하지 못한 채 산소에 묻혀있다.
  '나'와 '아내'는 어머니의 산소에 벌초를 하러 갔는데, 풀모기와 같은 물것들이 유독 아내만 물어댄다. 처음에 '나'는 이런 상황이 벌초하러 오기 싫었던 아내의 속마음에서 비롯된 것으로 이해하지만 뒤늦게 '어머니 마음'을 깨닫는다. 유난히 "모기에 물리면 덧나게 긁는 나"를 위한 어머니의 배려였음을 알게 되는 것이다. 이 작품은 이 세상 모든 어머니의 마음이 돌아가신 후에도 여전하다는 사실을, 자식을 향한 관심과 사랑은 언제나 현재 진행임을 일깨운다.

    매운 고추를 먹었나 봐
    저렇게 비틀걸음을 치는 것이.
    얼굴과 몸이 벌겋게 달아올라서는
    왼 하늘을 빙빙 어지럽게 도는 것이.
    어린 아이는 너무 매운 것을 먹지 말라는
    할머니 말씀 다시 생각나네

    빨간 해님을 꿀꺽 삼켰나 봐
    푸른 하늘에서 쨍쨍 빛나던 해가
    눈 깜짝할 새에 모습을 감춰 버려
    왼 하늘을 다 뒤져도 찾을 수 없는 것이.
    맛 있는 음식일수록 꼭꼭 씹어 먹으라는
    할머니 말씀 다시 생각나네
    — 「고추잠자리」 전문

앞에서 '어머니 마음'을 다뤘던 권선옥은 이번에는 '할머니 말씀'을 끄집어낸다. 두 개의 연으로 구성된 이 시의 개성은 각 연이 두 개의 영역으로 구획된다는 사실과 무관하지 않다. 곧 각 연의 1행~4행은 동심童心으로 가득하고, 5행은 구체적인 할머니 말씀으로 제시되는 것이다.

시인은 '고추잠자리'가 붉은 몸을 갖게 된 원인을 "매운 고추를 먹었나 봐"나 "빨간 해님을 꿀꺽 삼켰나 봐" 등으로 묘사함으로써 이 시를 동시童詩의 영역으로 이동시킨다. 또한 "너무 매운 것을 먹지 말라"와 "맛 있는 음식일수록 꼭꼭 씹어 먹으라"는 할머니 말씀이 아련한 유년의 추억을 소환한다.

> 나이가 들면서
> 나를 옭아매는 끈이 생겼다
> 아들로, 남편으로
> 아버지로서의 끈
> 많은 끈들이 나를 옭았다
> 무수히 많은 끈에
> 꼼짝도 하지 못하고 묶여 살았다
> 나는 끈에서 벗어나기 위해
> 무던히 몸부림쳤다
> 옛날로 돌아가 자유롭고 싶었다
> 나이가 들면서 끈들이
> 끊어지고 느슨해졌다
> 예전보다 헐거워졌는데 자유롭지 않다
> 아니, 묶여 살던 옛날이 그립다
> 나를 옭죄는 끈에 묶여 살고 싶다
> 팽팽하게 당기는 끈이 주던 안정감,
> 다시 예전처럼 끈에 묶여 살고 싶다
> ―「끈」 전문

시 「감옥의 자유」와 유사한 계열을 형성하는 작품이다. 한 소년이 있었다. 소년은 자라서 청년이 되었고, 결혼을 하고 아이를 낳았다. 누군가의 아들로 태어난 소년은 세월의 흐름 속에서 누군가의 남편이 되었고, 또 누군가의 아버지가 되었다.

시의 화자 '나'는 누군가의 '아들', 누군가의 '남편', 누군가의 '아버지'로서의 삶을 "나를 옭아매는 끈"으로 이해한다. 동사 '옭아매다'의 의미가 "자유롭지 못하게 구속하다"임을 감안할 때, '나'를 규정하는 '아들', '남편', '아버지'는 엄청난 부담감을 부여한다. "꼼짝도 하지 못하고 묶여 살았다"나 "끈에서 벗어나기 위해/ 무던히 몸부림쳤다"라는 진술이 가리키는 정황情況은 '나'를 포위한 부담감 바로 그것이다.

이 시의 매력은 '끈'을 대하는 '나'의 이중적인 태도와 관련된다. '나'는 헐거워진 '끈' 앞에서도 자유롭지 않다. "묶여 살던 옛날이 그립다"나 "나를 옭죄는 끈에 묶여 살고 싶다" 또는 "다시 예전처럼 끈에 묶여 살고 싶다" 등의 진술은 '끈'을 대하는 '나'의 아이러니한 태도를 암시한다. 끈으로 묶인 삶은 '나'에게 '안정감'을 전달한다. 권선옥 시인은 묶여있음으로서의 안정감이라는 역설의 시학을 완성하고 있는 것이다.

이렇게 추운데 먼 길 왔느냐고
날이나 풀리면 오지
어린것들까지 고생시킨다고
아니, 오지 않아도 그 마음 다 안다고

춥지도 않고 먼 길도 아니라고
아이들도 좋아 따라나섰다고
애에미는 오려다 못 왔지만
낳아서 길러준 친정어머니보다
시어머니를 더 보고 싶어 한다고

> 우리들은
> 일렬로 늘어서서 두 번 절하고
> 봉분 위의 마른 풀 몇 개 쥐어뜯고,
> 희끗희끗 잔설이 덮인 무덤 속에
> 어머니만 홀로 남겨 두고
> 따뜻한 집으로 돌아왔다
> ―「성묘」전문

 시 「어머니 마음」과 유사한 계열을 이루는 작품이다. 세 개의 연으로 구성된 이 시의 개성은 진술 방식에서 두드러진다. 1연은 봉분 속에 계신 돌아가신 어머니의 음성이 주도한다. 2연에는 벌초를 하러 어머니를 찾아온 아들의 음성이 가득하다. 1연과 2연이 각각 두 인물 곧 어머니와 아들의 심리心理를 보여주었다면, 3연은 '우리들'의 행위와 무덤의 외양을 제시하는 것에 집중한다.

 '아이들'을 데리고 성묘省墓를 온 아들은 나름대로 최선을 다했지만, 어머니를 두고 돌아서야 하는 발길은 무겁기만 하다. "어머니만 홀로 남겨 두고/ 따뜻한 집으로 돌아왔다"라는 진술은 '어머니'와 '우리들'의 대조적인 상황을 극대화한다. 곧 부사 '홀로'가 지배하는 저승과 형용사 '따뜻한'이 충만한 이승의 대비는 돌아간 어머니를 향한 아들의 사모곡을 완성한다.

> 국민학교 때에는 공부깨나 한다고 해서
> 나중에 크면 뭔가 되겠거니 했지
> 그래서 새벽밥 먹고 어둠 속에 십리를 걸어
> 기차를 타고 삼십 분을 가는
> 강경중학교를 갔지

  강경상고를 졸업하면 은행원이 되겠지 하여
  상업학교에 갔지만
  하라는 공부는 안 하고 괜히
  시나 쓴다고 어울려 다니다가
  은행 시험에 떨어지고
  시나 쓰는 시인이 되었지
  시인이 되면 뭐가 어떻게 되는 줄 알았지만
  달라지는 것은 아무것도 없고
  그냥 나는 시인일 뿐이었지
  세상 사는 것이 시들해서 이런 저런 일로 정신을 팔다가
  장가들고 자식 낳고 나도 모르게 어른이 되었지
  남편 노릇, 애비 노릇 제대로 못하는데
  자식 노릇은 제대로 할 리가 있나
  그냥 그렇게 한 평생 살아가는 거지
  일요일인 오늘은 아침 여섯 시에 일어나
  마당의 풀을 매고 남새밭을 둘러 보고
  이렇게 무나 배추처럼 사는거지
  내 아들도 애비처럼 무엇이 되지 않고도
  이렇게 행복하게 살 수 있을거라고
  나는 또 촌놈의 생각을 하네
   — 「촌놈 생각」 전문

 '촌놈'은 "시골 남자를 낮잡아 이르는 말"이다. 이 시의 화자 '나'는 스스로를 '촌놈'으로 규정한다. 환갑還甲을 넘긴 '나'는 '도시'와 대비되는 '시골'에서 살아온 자신의 삶을 되돌아보는 중이다. '시골'에 사는 '촌놈'으로서 자신을 규정하는 '나'의 내면에는 '무엇'이 되지 못했다는 일종의 '열패감' 또는 '열등감'

이 존재한다. '국민학교' 다닐 때 공부깨나 하던 터라 '무엇'이 될 것이라는 안팎의 기대를 모았던 '나'는 지역의 명문 '중학교'와 '고등학교'에 진학했으나 안타깝게도 은행 시험에 떨어지고 '은행원'이 되지 못했다.

'은행원'이라는 무엇이 되지 못한 '나'는 세월의 흐름 앞에서 "장가들고 자식 낳고 나도 모르게 어른이 되었지"만 '남편 노릇', '애비 노릇', '자식 노릇' 등 자신에게 주어진 다양한 역할을 제대로 수행하지 못하게 된다. '나'가 다만 이룬 바는 '시인'의 이름을 얻은 것뿐이다. '나'에게는 폼 나게 차려입고 근무하는 은행원의 삶이 주어지지 못하였고 다만 "마당의 풀을 매고 남새밭을 둘러 보고", "무나 배추처럼 사는", "그냥 그렇게 한 평생 살아가는" 삶이 허락되었다.

작품의 후반부에서 '나'의 '열패감' 또는 '열등감'은 '행복감'으로 전환되는데, 이 지점은 이 시의 참을 수 없는 매력이다. "내 아들도 애비처럼 무엇이 되지 않고도/ 이렇게 행복하게 살 수 있을" 것이라는 시인의 전언傳言은 암울한 현실을 마주하면서 살아가고 있는 우리 시대의 사람들에게 커다란 용기와 힘을 북돋기 때문이다. 권선옥의 생각은 더 이상 단순한 '촌놈 생각'이 아니다. 이제 그의 생각은 탁월한 혜안을 갖춘 '시인 생각'이 된다.

　　모처럼 서울 갔다 돌아오는 길,
　　다리 아프게 돌아다니면서
　　집 구경만 하고 결국 그냥 돌아왔다
　　이십 년 넘게 아내를 직장생활을 시키고서도
　　번듯한 서울집 한 채 살 수 없는 나의 형편,
　　잠이 든 아들놈을 물끄러미 바라보다가

무능한 아비의 자식이 가엾어진다
그놈의 서울만 갔다 오면 마음이 착잡하다
내가 잘못 살았나 하고 생각하기도 한다
그 때, 거실 바닥에 떨어지는
엄지손가락 크기의 청개구리 한 마리
옹색한 내 집에 먹을 것을 찾아 왔구나
휴지에 싸서 창 밖으로 던지니 몸부림친다
가볍고 부드러운 휴지를 떼어내지 못하면서도
용케 세상을 사는구나
— 「적막한 세상」 전문

권선옥의 시 「촌놈 생각」은 그럴듯한 '무엇'이 되지 못한 채 살아가는 시의 화자 '나'의 복합적 감정을 다뤘다. '나'는 일차적으로 '어머니'의 '자식' 역할을, '아내'의 '남편' 역할을, '아들'의 '아버지' 역할을 제대로 수행하지 못한다고 판단한다. 다행스러운 점은 '나'가 행복을 향한 꿈을 포기하지는 않았다는 사실이다.

시인의 또 다른 시 「적막한 세상」 역시 대동소이한 구도를 형성한다. 시의 화자 '나'는 집을 사기 위해서 '서울'에 다녀왔다. '나'가 서울에 집을 사려는 이유는 아마도 '아들'때문일 것이다. 아들의 분가分家를 위해서 필요한 서울 집 한 채가 '나'에게는 너무 어려운 숙제이다. "그놈의 서울만 갔다 오면 마음이 착잡하다"나 "내가 잘못 살았나 하고 생각하기도 한다" 등의 진술에는 '무능한 아비'로서의 우울한 심경이 고스란히 담겨있다.

권선옥은 아들에게 서울 집 한 채를 해줄 수 없는 안타까운 형편을 어떻게 극복하는가? 시인의 눈에 포착된 거실 바닥의 '청개구리 한 마리'는 시인 자신 곧 '나'를 상징한다. '나'가 고요하고 쓸쓸하고 외로운 곧 적막한 세상을 견디는 방법은 마치 청개구리가 "가볍고 부드러운 휴지를 떼어내지 못하면서도/ 용케 세상을 사는" 것과 같다. 곧 권선옥은 참고 견디면서 한 발자국씩 부단히 전진하는 일이 우리네 삶임을 절절하게 보여준다.

  그는 여러 개의 칼을 지니고 있었다
  그가 칼을 마구 휘두른다는 소문에
  칼을 가진 자들이 다투어 칼을 맡겼다
  그의 칼끝에서는
  모든 것이 해결되었다
  시퍼런 칼날을 견디는 것은
  아무 것도 없었다
  사람들은 칼 아래 무릎을 꿇었고
  땅에 엎디어 머리를 조아렸다
  그러면서도 칼잡이에게 분개하기보다는
  간과 쓸개까지 빼서 바쳤다
  이상한 일이다
  알고 보니 칼잡이는 눈이 먼 사내였다
  두 눈이 보이지 않았고
  글을 읽지 못했고
  자신의 욕망을 위해서는 못하는 일이 없었다
  참 이상한 일이다
  그런 그는 평생 흥청망청 살았으며
  많은 유산을 남겨 자식들도 편히 살게 했다
  사람들은 왜 눈이 먼 그 사내에게
  칼을 맡기려 했는지

나는 끝내 알 수가 없었다
어쨌든 눈이 먼 것이
그에게 엄청난 행운을 가져왔다는 것은
더더욱 이상한 일이다
— 「칼잡이」 전문

이 시에 등장하는 '칼잡이'는 '눈이 먼 사내'이다. 이 작품은 '눈이 먼 칼잡이'가 주도하는 일종의 알레고리allegory이다. 사람들아 자신의 칼을 맡기고 무릎을 꿇고 머리를 조아리고 심지어 "간과 쓸개까지 빼서" 바치는 행위는 분명 이상한 일이다. "이상한 일이다", "참 이상한 일이다", "더더욱 이상한 일이다" 등에 담긴 '반복'과 '변주'의 미학은 이 시의 공간을 이상한 나라로 이끈다.

'눈이 먼'과 '칼잡이'는 어울리지 않는 두 요소이다. '눈이 먼 것'이라는 불구不具의 상황이 '엄청난 행운'이라는 역설적인 환경을 조성한다는 사실이 놀랍다. "나는 끝내 알 수가 없었다"라는 진술은 '눈이 먼 칼잡이'를 향한 시의 화자 '나'의 솔직한 반응일 것이다. 이 시에서 시인이 내세우는 '눈이 먼 것'이 '엄청난 행운'으로 연결되는 때 곧 '부정성'이 '긍정성'으로 이동하는 시간은 '시'가 태어나고 '시인'이 등장하는 순간이다. 역설의 시학이 시작되는 것이다.

밤새 산을 헤맸다.

산에서 내려오면
나의 발길은 조급하게
다시 산을 향한다.

가까이 가면
　　어느덧 마음속에 들어와 앉아
　　산에 가도
　　막상 산은 보지 못한다.

　　마음에 담은 사랑은
　　눈으로는 보이지 않는다.
　　 ― 「편지」 전문

　시인은 이 시의 이름으로 "안부, 소식, 용무 따위를 적어 보내는 글"을 뜻하는 '편지'를 선택했다. 권선옥은 이 자리에서 어떤 안부, 어떤 소식, 어떤 용무를 누구에게 타전하고 있는 것일까? 시의 화자 '나'는 '산'과 적극적으로 연결되어 있다. 밤새 헤매던 '산'에서 힘겹게 내려온 후, 다시 '산'을 조급한 발걸음으로 찾는다는 것은 '나'와 '산'의 관계가 범상치 않음을 암시한다. 3연의 진술을 참조할 때, '산'은 '눈'으로 볼 수 없고 '마음'으로 볼 수 있을 뿐이다. 4연에 따르면 '산'은 "눈으로는 보이지 않는다"는 점에서 '사랑'의 속성과 통한다.
　'산' 또는 '사랑'이라는 이름의 본질을 미친 듯이 찾아 헤매는 것은 어쩌면 인간의 숙명일지도 모른다. 문제는 이런 것들이 '눈'에는 보이지 않고 '마음'으로만 담을 수 있다는 사실이다. 우리에게는 '눈'과 '마음'의 거리, 폭발적인 열정을 잠시 식힐 수 있는 시간이 필요하다. 그런 까닭에 시인이 제시하는 '산'이나 '사랑'의 자리에 '시'나 '삶'을 새겨 넣는 일 역시 개연성 있는 가정假定이라 말할 수 있을 것이다.

3.

　권선옥은 역설의 시인이다. 그에게 있어서 역설은 단순한 시의 기교가 아니다. 시인이 활용하는 역설은 시의 구조를 형성하고, 시인의 세계관을 드러내며 궁극적으로 시의 진실과 삶의 진실을 가감 없이 보여준다.
　권선옥은 또한 시의 주제가 반드시 거창할 필요가 없음을 잘 보여주었다. 시인에 따르면 시의 발견은 작고 사소하면서도 충분히 유의미한 성격을 가질 수 있다. 돌아가신 할머니나 어머니, 살아있는 아내나 아들을 향한 사랑의 감정의 시적 형상화는 권선옥 시의 숨길 수 없는 장점이 된다.
　권선옥의 이번 시집의 개성 중 하나는 '촌놈 생각'의 제시와 관련된다. 시인은 도시가 아닌 시골에서 삶의 대부분을 영위하면서, 근사한 '무엇'이 되지 못한 촌놈의 열패감 또는 열등감을 긍정적으로 승화한다. 권선옥이 발견한 행복감은 '서울'을 중심으로 전개되는 적막한 세상에서 지방地方의 자존감을 지키는 유효한 기제가 되고 있는 것이다.
　권선옥 시인에 따르면 진정한 시는 삶과 다른 말이 아니고 사랑과 절실하게 접속한다. 작고 사소한 일상의 세부가 진실의 무대임을 간파한 시인, 아이러니와 역설과 알레고리 같은 현대시의 기법을 섭렵한 시인이 바로 권선옥이다. 우리는 이제 숨은 보석 같은 참된 시인을 알게 되었다. 권선옥이라는 한국시의 숨은 산은 눈으로는 보이지 않는다. 그 산을 마음에 담는 일이 우리가 해야 할 일이다.

권선옥

권선옥 시인은 1976년 『현대시학』으로 등단하였고, 1985년 창비신작시집 『그대가 밟고 가는 모든 길 위에』에 참여하였으며, 1985년부터 1988년까지 『현대시학』에 「떠도는 김시습」을 연재했다. 시집으로는 『풀꽃 사랑』, 『떠도는 김시습』, 『겨울에도 크는 나무』, 『사람의 밤 하느님의 밤』이 있다. 동인지 활동과 지역 문학 운동에 대한 공로를 인정받아 충청남도문화상을 수상했고, 건양대학교 문창과 겸임교수와 충남문인협회 회장을 역임하였다. 연무고등학교 교장으로 정년하고 지금은 고향 사람들과 어울려 농사를 지으며 환경단체에서 봉사하고 있다.

권선옥 시인의 다섯 번째 시집인 『감옥의 자유』는 시력詩歷 40년을 결산하는 역작力作이다. '감옥'은 자유를 제한하는 곳인 동시에 자유를 생산하는 곳이다. 대부분의 인간들은 '감옥의 자유' 앞에서 '양가감정兩價感情' 또는 '모순감정'을 느낄 수도 있겠지만, 그러나 이러한 '아이러니'나 '역설'의 상황이 오히려 삶의 진실과 시의 진실을 있는 그대로 보여주고 있다.

이메일 : mykso@hanmail.net

권선옥 시집
감옥의 자유

초판 발행 2016년 10월 18일
초판 2쇄 2018년 7월 16일
지 은 이 권선옥
펴 낸 이 반송림
편집디자인 김지호
펴 낸 곳 도서출판 지혜
          계간시전문지 애지
기획위원 반경환 이형권 황정산
주   소 34624 대전광역시 동구 선화로203-1. 2층 도서출판 지혜 (삼성동)
전   화 042-625-1140
팩   스 042-627-1140
전자우편 ejisarang@hanmail.net
애지카페 cafe.daum.net/ejiliterature

ISBN : 979-11-5728-208-1 03810
값 9,000원

* 이 시집은 충청남도, 한국문화예술위원회, 충남문화재단의 지원을 받아 발간되었습니다.

이 책의 판권은 지은이와 도서출판 지혜에 있습니다.
양측의 서면 동의 없는 무단 전제 및 복제를 금합니다.